Übungsbuch Rechnungswesen - Bankkaufleute

Übungsbuch zur Vorbereitung auf die **Zwischen- und Abschlussprüfung für Bankkaufleute** im Fach **Rechnungswesen**

Übungsbuch Rechnungswesen - Bankkaufleute

Übungsbuch zur Vorbereitung auf die **Zwischen- und Abschlussprüfung für Bankkaufleute** im Fach **Rechnungswesen**

Mario Smeets

Tobias Tilgner

Bibliografische Information der Deutschen Nationalbibliothek:

Die Deutsche Nationalbibliothek verzeichnet diese Publikation in der Deutschen Nationalbibliografie; detaillierte bibliografische Daten sind im Internet über http://dnb.dnb.de abrufbar.

© 2013 Name des Autors/Rechteinhabers: Mario Smeets/Tobias Tilgner

Illustration: Mario Smeets/Tobias Tilgner

Übersetzung: -

weitere Mitwirkende: -

Herstellung und Verlag: BoD – Books on Demand, Norderstedt

ISBN: 978-3-7322-3535-3

Inhalt

1. Einführung 7
2. Externes Rechnungswesen 9
   2.1 Erfassung und Dokumentation 9
      2.1.1 Inventur und Bilanz 9
      2.1.2 Erfolgsneutrale und erfolgswirksame Geschäftsvorgänge 11
      2.1.3 Kundenkontokorrent 13
      2.1.4 Bankenkontokorrent 19
      2.1.6 Umsatzsteuer und degressive Abschreibung 27
      2.1.7 Lineare Abschreibung der Betriebs- und Geschäftsausstattung 31
      2.1.8 Bewertung von Forderungen 39
      2.1.9 Bewertung von Wertpapieren 45
      2.1.10 Risikovorsorge 53
         2.1.10.1 Rückstellungen 53
         2.1.10.2 Rücklagen 55
         2.1.10.3 Vorsorgereserve 59
   2.2 Auswertung 63
3. Internes Rechnungswesen 67
   3.1 Grundbegriffe 67
   3.2 Kalkulation im Wertbereich: Marktzinsmethode 71
   3.3 Kundenkalkulation 75
   3.4 Gesamtbetriebskalkulation 79

1. Einführung

Vor Ihnen liegt das „Übungsbuch Rechnungswesen – Bankkaufleute". Es bietet Ihnen eine Hilfestellung auf Ihrem Weg zum Ausbildungsabschluss als Bankkauffrau oder Bankkaufmann. Hierbei vermittelt es Ihnen mithilfe diverser Übungsaufgaben einen kompakten Überblick über verschiedene prüfungsrelevante Themenbereiche. Gleichzeitig erhalten Sie durch ausführliche Lösungshinweise wertvolle Tipps, um Prüfungsaufgaben zeitsparend und sicher lösen zu können.

Der Schwerpunkt dieses Übungsbuches liegt in der Behandlung komplexer Aufgabenstellungen, welche in vergangenen Prüfungen schon manchem Teilnehmer viele Punkte gekostet haben. Wir sind davon überzeugt, dass unser Übungsbuch eine solide Vorbereitung – auch auf die schwierigsten unter den Prüfungsaufgaben – ermöglicht.

Das Buch ist in zwei Teile gegliedert. Zunächst wird der Teilbereich des „Externen Rechnungswesens" behandelt. Den zweiten Teilbereich bildet das „Interne Rechnungswesen".

Die beiden Autoren sind selber ausgebildete Bankkaufleute und unterrichten unter anderem das Thema „Rechnungswesen" für Auszubildende. Hierbei gesammelte Erfahrungen sind mit in den Inhalt dieses Übungsbuches geflossen. Die behandelten Aufgabenarten sind insbesondere solche, die in vergangenen Unterrichtseinheiten häufig zu Fragen geführt haben.

Wir wünschen Ihnen viel Spaß bei Ihrer Arbeit mit dem „Übungsbuch Rechnungswesen - Bankkaufleute" und gleichzeitig viel Erfolg für Ihre Abschluss- oder Zwischenprüfung. Abschließend möchten wir Sie noch auf die Möglichkeit hinweisen und Sie auffordern, uns Ihr Feedback zum Buch und etwaige Verbesserungsvorschläge zukommen zu lassen:

rewe.uebungsbuch@gmail.com

Wir freuen uns auf Ihre Email.

Mario Smeets

Tobias Tilgner

Um Aufgaben und Lösungen voneinander getrennt zu halten, bleibt diese Seite leer.

2. Externes Rechnungswesen

2.1 Erfassung und Dokumentation

2.1.1 Inventur und Bilanz

Aufgabe 1)

a) Welche drei Gruppen haben Interesse an der korrekten Buchführung eines Unternehmens?

b) Was versteht man unter dem Begriff „Inventur"?

c) Welche drei Arten der Inventur werden unterschieden?

d) Die Inventur kann zu unterschiedlichen Zeitpunkten stattfinden. Welche drei Arten sind hier zu nennen – unterschieden nach ihrem Zeitpunkt?

e) Was versteht man unter dem Begriff „Inventar"?

Lösung Aufgabe 1)

a) *Welche drei Gruppen haben Interesse an der korrekten Buchführung eines Unternehmens?*

1) **Staat** (zur Sicherstellung einer korrekten Besteuerung des Unternehmens)
2) **Kapitalgeber des Unternehmens** (zur Entscheidung über eine Bereitstellung von Kapital für das Unternehmen)
3) **Kunden des Unternehmens** (beispielsweise Erhalt von Rechnungen zur Verwendung innerhalb der eigenen Buchführung)

b) *Was versteht man unter dem Begriff „Inventur"?*

Die Inventur ist die Erfassung des gesamten Vermögens und der gesamten Verbindlichkeiten eines Unternehmens nach Menge und Wert. Sie ist unter anderem im Handelsgesetzbuch (HGB) im Paragrafen § 240 verankert.

c) *Welche drei Arten der Inventur werden unterschieden?*

- **Buchinventur** (z.B. Guthaben auf Girokonten)
- **Körperliche Inventur** (z.B. Waren)
- **Anlageninventur** (z.B. Büromaschinen, welche im Anlagenverzeichnis aufgeführt sind)

d) *Die Inventur kann zu unterschiedlichen Zeitpunkten stattfinden. Welche drei Arten sind hier zu nennen – unterschieden nach ihrem Zeitpunkt?*

- **Stichtagsinventur** (Durchführung an einem Stichtag – i.d.R. der Bilanzstichtag oder innerhalb eines Zeitraums von zehn Tagen vor oder nach diesem)
- **Permanente Inventur** (laufende Fortschreibung und Erfassung der Bestände bzw. deren Veränderungen)
- **Zeitlich verlegte Inventur** (Inventur an einem Stichtag innerhalb von drei Monaten vor oder zwei Monaten nach dem Bilanzstichtag)

e) *Was versteht man unter dem Begriff „Inventar"?*

Das Inventar ist das Ergebnis der Inventur und stellt ein Verzeichnis des gesamten Vermögens und der gesamten Verbindlichkeiten dar.

2.1.2 Erfolgsneutrale und erfolgswirksame Geschäftsvorgänge

Aufgabe 2)

a) Was unterscheidet eine erfolgswirksame Buchung von einer erfolgsneutralen Buchung? Was ist außerdem der Unterschied zwischen Erfolgs- und Bestandskonten?

b) Welche der folgenden Geschäftsvorfälle sind erfolgsneutral? Welche sind hingegen erfolgswirksam?

   1) Ein Kunde bucht Geld von seinem Sparkonto auf sein Girokonto.
   2) Wir belasten unseren Kunden Kontoführungsgebühren.
   3) Wir überweisen Kfz-Steuer für bankeigene PKW über DBB.
   4) Wir kaufen einen neuen PKW bar.
   5) Wir überweisen von Kunden einbehaltene Abgeltungssteuer über DBB.
   6) Wir zahlen Zinsen auf Sparbücher unserer Kunden.

c) Bilden Sie die zugehörigen Buchungssätze.

d) Welche der folgenden Konten sind Erfolgskonten? Welche sind Bestandskonten?

   1) Zinsaufwand
   2) Betriebs- und Geschäftsausstattung
   3) Vorsteuer
   4) Abschreibungen auf Forderungen
   5) Erträge aus der Zuschreibung auf Forderungen
   6) Rückstellungen

Lösungen Aufgabe 2)

a) *Was unterscheidet eine erfolgswirksame Buchung von einer erfolgsneutralen Buchung? Was ist außerdem der Unterschied zwischen Erfolgs- und Bestandskonten?*

Erfolgswirksame Buchungen erfassen Aufwendungen und Erträge. Die zugehörigen Konten heißen „Erfolgskonten". Sie haben niemals einen Anfangs- oder einen Endbestand, welcher in das folgende Geschäftsjahr übertragen werden könnte. Zu Beginn des Geschäftsjahres haben sie einen Anfangsbestand von „null" und werden am Ende des Jahres über das Konto „Gewinn- und Verlust" („GuV") abgeschlossen. Die Buchung in einem Aufwandskonto erfolgt auf der Sollseite. Da beide Seiten eines Kontos ausgeglichen sein müssen, erfolgt die Eintragung des Endbestandes am Jahresende auf der Habenseite des Kontos.

b) *Welche der folgenden Geschäftsvorfälle sind erfolgsneutral („n")? Welche sind hingegen erfolgswirksam („e")?*

1) Ein Kunde bucht Geld von seinem Sparkonto auf sein Girokonto. **n**
2) Wir belasten unseren Kunden Kontoführungsgebühren. **e**
3) Wir überweisen Kfz-Steuer für bankeigene PKW über DBB. **e**
4) Wir kaufen einen neuen PKW bar. **n**
5) Wir überweisen von Kunden einbehaltene Abgeltungssteuer über DBB. **n**
6) Wir zahlen Zinsen auf Sparbücher unserer Kunden. **e**

c) *Bilden Sie die zugehörigen Buchungssätze.*

1) Spar an Kunden-KK.
2) Kunden-KK an Provisionserträge.
3) Steueraufwand an DBB.
4) BGA an Kasse.
5) Abgeltungssteuer an DBB.
6) Zinsaufwand an Spar.

e) *Welche der folgenden Konten sind Erfolgskonten? Welche sind Bestandskonten?*

1)	Zinsaufwand	**Erfolgskonto**
2)	Betriebs- und Geschäftsausstattung	**Bestandskonto**
3)	Vorsteuer	**Bestandskonto**
4)	Abschreibungen auf Forderungen	**Erfolgskonto**
5)	Erträge aus der Zuschreibung auf Forderungen	**Erfolgskonto**
6)	Rückstellungen	**Bestandskonto**

2.1.3 Kundenkontokorrent

Aufgabe 3)

Der Anfangsbestand der Kreditoren beträgt EUR 110.000,00. Der Anfangsbestand Debitoren EUR 150.000,00

a) Auf welcher Seite des Kundenkontokorrentkontos wird der jeweilige Bestand eingetragen?

b) Tragen Sie die Beträge in ein entsprechendes Konto ein und buchen Sie die nachfolgenden Geschäftsvorfälle im Konto:

1) Abhebung eines Kunden EUR 5.000,00.
2) Umbuchung eines Kunden auf sein Sparkonto EUR 15.000,00.
3) Bareinzahlung eines Kunden EUR 10.000,00.
4) Überweisungsauftrag eines Kunden über das Bankenkontokorrent (BKK) EUR 12.000,00.
5) Ein Kunde reicht einen Scheck in Höhe von EUR 4.000,00 zur Gutschrift auf seinem Konto ein.
6) Umbuchung eines Kunden vom Sparkonto auf sein Girokonto EUR 7.000,00.

c) Bilden Sie die entsprechenden Buchungssätze.

Es fallen weiterhin Sollumsätze in Höhe von EUR 50.000,00 sowie Habenumsätze in Höhe von EUR 60.000,00 an.

d) Auf welcher Seite des Kontos werden diese jeweils eingetragen?

Der Endbestand der Kreditoren beträgt EUR 120.000,00.

e) Auf welcher Seite werden die jeweiligen Endbestände eingetragen?

f) Vervollständigen Sie das Konto. Wie hoch ist der Endbestand der Debitoren?

Lösung Aufgabe 3)

a) *Auf welcher Seite des Kundenkontokorrentkontos wird der jeweilige Bestand eingetragen?*

Anfangsbestand Kreditoren: Habenseite
Anfangsbestand Debitoren: Sollseite

b) *Tragen Sie die Beträge in ein entsprechendes Konto ein und buchen Sie die nachfolgenden Geschäftsvorfälle im Konto:*

Kundenkontokorrent:

Soll		Haben	
AB Debitoren	150.000,00	AB Kreditoren	110.000,00
1) Kasse	5.000,00	3) Kasse	10.000,00
2) Spar	15.000,00	5) Schecks	4.000,00
4) BKK	12.000,00	6) Spar	7.000,00

c) *Bilden Sie die entsprechenden Buchungssätze:*

1) Kunden-KK an Kasse EUR 5.000,00.
2) Kunden-KK an Spar EUR 15.000,00.
3) Kasse an Kunden-KK EUR 10.000,00.
4) Kunden-KK an BKK EUR 12.000,00.
5) Schecks an Kunden-KK EUR 4.000,00.
6) Spar an Kunden-KK EUR 7.000,00.

d) *Auf welcher Seite des Kontos werden diese jeweils eingetragen?*

Sollumsätze: Sollseite
Habenumsätze: Habenseite

e) *Auf welcher Seite werden die jeweiligen Endbestände eingetragen?*

Endbestand Kreditoren: Sollseite
Endbestand Debitoren: Habenseite

→ Somit immer entgegengesetzt zum Anfangsbestand.

f)   Vervollständigen Sie das Konto. Wie hoch ist der Endbestand der Debitoren?

Kundenkontokorrent:

Soll		Haben	
AB Debitoren	150.000,00	AB Kreditoren	110.000,00
1) Kasse	5.000,00	3) Kasse	10.000,00
2) Spar	15.000,00	5) Schecks	4.000,00
4) BKK	12.000,00	6) Spar	7.000,00
Sollumsätze	50.000,00	Habenumsätze	60.000,00
...	...	...	...
EB Kreditoren	120.000,00	**EB Debitoren**	**161.000,00**
	352.000,00		**352.000,00**

Tragen Sie zunächst alle Buchungen im Konto ein. Hiernach ermitteln Sie die wertmäßig größere Seite. Dies ist diejenige, auf der bereits ein Endbestand zu finden ist. Hier also die Sollseite.

Schreiben Sie die Summe der Buchungen auf dieser Seite unter das Konto. Dies sind hier EUR 352.000,00 auf der Sollseite. Dann subtrahieren Sie alle Buchungen der anderen Seite, also hier der Habenseite. Die Differenz ist dann der jeweilige Endbestand.

Hier ermitteln Sie den Endbestand Debitoren, der EUR 161.000,00 beträgt.

Um Aufgaben und Lösungen voneinander getrennt zu halten, bleibt diese Seite leer.

Aufgabe 4)

Der Anfangsbestand Debitoren beträgt EUR 160.000,00. Der Anfangsbestand Kreditoren beträgt EUR 120.000,00.

Es fallen folgende Geschäftsvorfälle an:

1) Ein Kunde bucht EUR 7.000,00 von seinem Sparbuch auf sein Girokonto um.
2) Wir kaufen einem Kunden Wertpapiere für unseren eigenen Bestand in Höhe von EUR 40.000,00 ab.

Es fallen außerdem Sollumsätze in Höhe von EUR 50.000,00 an. Weitere Habenumsätze sind keine zu verzeichnen.

Der Endbestand der Debitoren beträgt EUR 112.000,00.

a) Bilden Sie die Buchungssätze zu den Geschäftsvorfällen.

b) Ermitteln Sie den Endbestand der Kreditoren. Zeichnen Sie hierzu ein Konto und tragen Sie alle Geschäftsvorfälle und Daten hierin ein.

Lösung Aufgabe 4)

a) Bilden Sie die Buchungssätze zu den Geschäftsvorfällen:

1) Spar an Kunden-KK EUR 7.000,00.
2) WP an Kunden-KK EUR 40.000,00.

b) Ermitteln Sie den Endbestand der Kreditoren. Zeichnen Sie hierzu ein Konto und tragen Sie alle Geschäftsvorfälle und Daten hierin ein.

Kundenkontokorrent:

Soll		Haben	
AB Debitoren	160.000,00	AB Kreditoren	120.000,00
Sollumsätze	50.000,00	1) Spar	7.000,00
		2) WP	40.000,00
...	...	...	...
EB Kreditoren	**69.000,00**	EB Debitoren	112.000,00
	279.000,00		279.000,00

Die Vorgehensweise ist hier dieselbe wie in Aufgabe 3).

Sie erkennen, dass diese auch dann identisch bleibt, wenn jeweils andere Endbestände vorgegeben werden oder einzelne Buchungen – wie hier die zusätzlichen Habenumsätze – entfallen.

Reflektieren Sie noch einmal folgende Vorgehensweise und merken Sie sich diese:

1. Anfangsbestand Kreditoren auf der Habenseite, Anfangsbestand Debitoren auf der Sollseite eintragen.
2. Sollumsätze im Soll, Habenumsätze im Haben eintragen.
3. Entweder Kreditorenendbestand im Soll, oder aber Debitorenendbestand im Haben eintragen.
4. Summe der wertmäßig größeren Seite ermitteln.
5. Hiervon die Positionen der anderen Seite abziehen. Die Differenz ist der gesuchte Endbestand.

2.1.4 Bankenkontokorrent

Aufgabe 5)

a) Auf welchen Seiten des Bankenkontokorrentkontos werden
   1. der Anfangsbestand „Forderungen an andere Banken" und
   2. der Anfangsbestand „Verbindlichkeiten gegenüber anderen Banken" eingetragen?

b) Eröffnen Sie ein BKK in Kontenform. Der Anfangsbestand „Forderungen an andere Banken" beträgt EUR 400.000,00. Der Anfangsbestand „Verbindlichkeiten gegenüber anderen Banken" lautet EUR 500.000,00.

c) Erfassen Sie die folgenden Geschäftsvorfälle im Konto:

   1) Überweisungsauftrag eines KK-Kunden an den Kunden einer anderen Bank, zu der wir eine Kontoverbindung unterhalten, über EUR 10.000,00.
   2) Kreditaufnahme bei einer befreundeten Bank in Höhe von EUR 200.000,00. Der Betrag wird dem DBB-Konto gutgeschrieben.
   3) Für diesen Kredit fallen EUR 1.000,00 Zinsen an, die wir dem BKK gutschreiben.
   4) Es fallen weitere Sollumsätze in Höhe von EUR 300.000,00 an.

d) Auf welchen Seiten des Bankenkontokorrentkontos werden
   1. der Endbestand „Forderungen an andere Banken" und
   2. der Endbestand „Verbindlichkeiten gegenüber anderen Banken" eingetragen?

e) Der Endbestand „Forderungen an andere Banken" beträgt EUR 380.000,00. Wie hoch ist der Endbestand der „Verbindlichkeiten gegenüber anderen Banken"?

Übungsbuch Rechnungswesen - Bankkaufleute

Lösung Aufgabe 5)

a) Auf welchen Seiten des Bankenkontokorrentkontos (BKK) werden
   1. der Anfangsbestand „Forderungen an andere Banken" und
   2. der Anfangsbestand „Verbindlichkeiten gegenüber anderen Banken" eingetragen?

Anfangsbestand „Forderungen an andere Banken": Sollseite
Anfangsbestand „Verbindlichkeiten gegenüber anderen Banken": Habenseite

b) und c) Eröffnen Sie ein BKK in Kontenform. Der Anfangsbestand „Forderungen an andere Banken" beträgt EUR 400.000,00. Der Anfangsbestand „Verbindlichkeiten gegenüber anderen Banken" lautet EUR 500.000,00.

(und) erfassen Sie die folgenden Geschäftsvorfälle im Konto:

1) Überweisungsauftrag eines KK-Kunden an den Kunden einer anderen Bank, zu der wir eine Kontoverbindung unterhalten, über EUR 10.000,00.
2) Kreditaufnahme bei einer befreundeten Bank in Höhe von EUR 200.000,00. Der Betrag wird dem DBB-Konto gutgeschrieben.
3) Für diesen Kredit fallen EUR 1.000,00 Zinsen an, die wir dem BKK gutschreiben.
4) Es fallen weitere Sollumsätze in Höhe von EUR 300.000,00 an.

BKK:

Soll		Haben	
AB Ford.	400.000,00	AB Verb.	500.000,00
4) Sollumsätze	300.000,00	1) KK	10.000,00
		2) DBB	200.000,00
		3) Zinsaufwand	1.000,00

c) siehe b)

d) Auf welchen Seiten des Bankenkontokorrentkontos werden
   1. der Endbestand „Forderungen an andere Banken" und
   2. der Endbestand „Verbindlichkeiten gegenüber anderen Banken" eingetragen?

Endbestand „Forderungen an andere Banken": Habenseite
Endbestand „Verbindlichkeiten gegenüber anderen Banken": Sollseite

e) Der Endbestand „Forderungen an andere Banken" beträgt EUR 380.000,00. Wie hoch ist der Endbestand der „Verbindlichkeiten gegenüber anderen Banken"?

BKK:

Soll		Haben	
AB Ford.	400.000,00	AB Verb.	500.000,00
4) Sollumsätze	300.000,00	1) KK	10.000,00
		2) DBB	200.000,00
		3) Zinsaufwand	1.000,00
...	...	...	...
EB Verb.	**391.000,00**	EB Ford.	380.000,00
	1.091.000,00		1.091.000,00

Der Endbestand der „Verbindlichkeiten gegenüber anderen Banken" beträgt EUR 391.000,00.

Um Aufgaben und Lösungen voneinander getrennt zu halten, bleibt diese Seite leer.

Aufgabe 6)

a) Unterscheiden Sie die Begriffe „Lorokonto" und „Nostrokonto".

b) Unsere Bank versendet am 31.12.2012 die folgenden Kontoauszüge:

   1) An Bank A: Saldo Haben   EUR 50.000,00
   2) An Bank B: Saldo Soll   EUR 35.000,00
   3) An Bank C: Saldo Haben   EUR 40.000,00

   Außerdem erhält sie folgende Kontoauszüge:

   4) Von Bank D: Saldo Haben   EUR 40.000,00
   5) Von Bank E: Saldo Soll   EUR 80.000,00

   Wie hoch ist der Endbestand der „Forderungen an andere Banken"? Wie hoch ist der Endbestand der „Verbindlichkeiten gegenüber anderen Banken"?

c) Der Anfangsbestand „Forderungen an andere Banken" beträgt EUR 400.000,00. Außerdem sind Sollumsätze in Höhe von EUR 300.000,00 entstanden. Der Anfangsbestand „Verbindlichkeiten gegenüber anderen Banken" beträgt EUR 350.000,00. Es sind weiterhin Habenumsätze in Höhe von EUR 400.000,00 entstanden. Tragen Sie zunächst die Daten in ein BKK-Konto ein. Dann erfassen Sie zusätzlich die Endbestände aus Teilaufgabe b). Was fällt Ihnen auf?

d) Es fehlt noch der Auszug der Bank F, den unsere Bank erhalten soll. Wie hoch ist der dort ausgewiesene Betrag?

e) Liegt ein Soll- oder ein Habensaldo vor?

f) Ist dieser Saldo eine Forderung oder Verbindlichkeit von uns?

Lösung Aufgabe 6)

a) *Unterscheiden Sie die Begriffe „Lorokonto" und „Nostrokonto".*

Lorokonto: Besitzt eine Bank ein Lorokonto, so führt diese ein Konto für eine andere Bank im eigenen Hause. Die Bank verschickt Kontoauszüge.

Nostrokonto: Besitzt die Bank hingegen ein Nostrokonto, so ist dies ein eigenes Konto, welches bei einer anderen Bank geführt wird. Hier erhält die Bank Kontoauszüge.

b) *Unsere Bank versendet am 31.12.2012 die folgenden Kontoauszüge:*
1) An Bank A: Saldo Haben   EUR 50.000,00
2) An Bank B: Saldo Soll   EUR 35.000,00
3) An Bank C: Saldo Haben   EUR 40.000,00

Außerdem erhält sie folgende Kontoauszüge:

4) Von Bank D: Saldo Haben   EUR 40.000,00
5) Von Bank E: Saldo Soll   EUR 80.000,00

Wie hoch ist der Endbestand der „Forderungen an andere Banken"? Wie hoch ist der Endbestand der „Verbindlichkeiten gegenüber anderen Banken"?

Endbestand der „Forderungen an andere Banken":

(Bank B) 35.000,00 + (Bank D) 40.000,00 = 75.000,00

Endbestand der „Verbindlichkeiten gegenüber anderen Banken":

(Bank A) 50.000,00 + (Bank C) 40.000,00 + (Bank E) 80.000,00 = 170.000,00

Hier hilft es, sich die Situation bildlich vorzustellen. Erhält die Bank Kontoauszüge mit einem Sollsaldo, so muss sie diesen bei der anderen Bank irgendwann ausgleichen und besitzt somit eine Verbindlichkeit.
Sollsalden anderer Banken auf Lorokonten, also im eigenen Haus, sind Forderungen der eigenen Bank an die anderen Banken.

c) *Der Anfangsbestand „Forderungen an andere Banken" beträgt EUR 400.000,00. Außerdem sind Sollumsätze in Höhe von EUR 300.000,00 entstanden. Der Anfangsbestand „Verbindlichkeiten gegenüber anderen Banken" beträgt EUR 350.000,00. Es sind weiterhin Habenumsätze in Höhe von EUR 400.000,00 entstanden. Tragen Sie zunächst die Daten in ein BKK-Konto ein. Dann erfassen Sie zusätzlich die Endbestände aus Teilaufgabe b). Was fällt Ihnen auf?*

BKK:

Soll		Haben	
AB Ford.	400.000,00	AB Verb.	350.000,00
Sollumsätze	300.000,00	Habenumsätze	400.000,00
EB Verb.	170.000,00	EB Ford.	75.000,00
	870.000,00		**825.000,00**

Es fällt sofort auf, dass die Summen der beiden Kontoseiten nicht übereinstimmen. Es fehlt also noch ein Eintrag. Dies ist der Auszug der Bank F (siehe d))

d) *Es fehlt noch der Auszug der Bank F, den unsere Bank erhalten soll. Wie hoch ist der dort ausgewiesene Betrag?*

Subtrahieren Sie hierzu die wertmäßig kleinere (825.000,00) von der wertmäßig größeren Seite (870.000,00). Die Differenz in Höhe von EUR 45.000,00 muss auf dem Auszug der Bank F zu finden sein.

e) *Liegt ein Soll- oder ein Habensaldo vor?*

Hierzu kann der fehlende Saldo zunächst im Konto erfasst werden:
BKK:

Soll		Haben	
AB Ford.	400.000,00	AB Verb.	350.000,00
Sollumsätze	300.000,00	Habenumsätze	400.000,00
EB Verb.	170.000,00	EB Ford.	75.000,00
		Bank F	**45.000,00**
	870.000,00		**870.000,00**

Es liegt also ein Habensaldo vor.

f) *Ist dieser Saldo eine Forderung oder Verbindlichkeit von uns?*

Auf der Habenseite steht bekanntlich der Endbestand der „Forderungen an andere Banken". Somit besitzt unsere Bank eine Forderung an Bank F in Höhe von EUR 45.000,00 (Im Kontoauszug, den sie von Bank F erhält, ist also ein Guthaben bei Bank F in Höhe von EUR 45.000,00 ausgewiesen).

Um Aufgaben und Lösungen voneinander getrennt zu halten, bleibt diese Seite leer.

2.1.6 Umsatzsteuer und degressive Abschreibung

Aufgabe 7)

a) Buchen Sie folgende Geschäftsvorfälle in den Konten Vorsteuer sowie Umsatzsteuer. Bilden Sie auch die zugehörigen Buchungssätze.

1) Kauf eines Computers für die Depotabteilung zu EUR 600,00 netto in bar.
2) Kauf eines Firmenwagens für den Leiter der Kreditabteilung zu EUR 35.000,00 netto durch Überweisung über DBB.
3) Belastung von KK-Kunden mit Gebühren für die Vermögensverwaltung in Höhe von EUR 11.900,00 brutto.
4) Verkauf einer Büroausstattung der Depotabteilung zu EUR 5.000,00 netto in bar.

Schließen Sie dann die beiden Konten zum 31.12.2012 ab. Verrechnen Sie hierbei die Konten Vorsteuer und Umsatzsteuer und ermitteln und verbuchen Sie eine etwaige Forderung oder Verbindlichkeit an das Finanzamt.

b) Am 01.01.2009 hat die Bank einen Safe im Wert von EUR 90.000,00 angeschafft. Dieser hat eine betriebsgewöhnliche Nutzungsdauer von 10 Jahren. Der Safe wurde bislang degressiv abgeschrieben. Ermitteln Sie den in 2009 abgeschriebenen Betrag (Hinweis: Der Abschreibungssatz beträgt das 2,5-fache des linearen Abschreibungssatzes, höchstens jedoch 25 %).

c) Ermitteln Sie den Buchwert zum 31.12.2010.

d) Ab wann lohnt sich im Allgemeinen ein Wechsel zur linearen Abschreibung, wenn die Bank die Abschreibungsbeträge zum Zwecke der Steuerminderung möglichst hoch halten möchte?

Lösung Aufgabe 7)

a) Buchen Sie folgende Geschäftsvorfälle in den Konten Vorsteuer sowie Umsatzsteuer. Bilden Sie auch die zugehörigen Buchungssätze.
1) Kauf eines Computers für die Depotabteilung zu EUR 600,00 netto in bar.
2) Kauf eines Firmenwagens für den Leiter der Kreditabteilung zu EUR 35.000,00 netto durch Überweisung über DBB.
3) Belastung von KK-Kunden mit Gebühren für die Vermögensverwaltung in Höhe von EUR 11.900,00 brutto.
4) Verkauf einer Büroausstattung der Depotabteilung zu EUR 5.000,00 netto in bar.

Schließen Sie dann die beiden Konten zum 31.12.2012 ab. Verrechnen Sie hierbei die Konten Vorsteuer und Umsatzsteuer und ermitteln und verbuchen Sie eine etwaige Forderung oder Verbindlichkeit an das Finanzamt.

Buchungssätze:

1) BGA EUR 600,00 und Vorsteuer EUR 114,00 an Kasse EUR 714,00.
2) BGA an DBB EUR 35.000,00.
3) KK EUR 11.900,00 an Provisionserträge EUR 10.000,00 und Umsatzsteuer EUR 1.900,00
4) Kasse EUR 5.950,00 an Erträge aus dem Abgang von Anlagevermögen EUR 5.000,00 und Umsatzsteuer EUR 950,00.

Vorsteuer:

Soll		Haben	
1) BGA	114,00	Umsatzsteuer	114,00

Umsatzsteuer:

Soll		Haben	
Vorsteuer	114,00	3) KK	1.900,00
Verb. FA	2.736,00	4) Kasse	950,00
	2.850,00		**2.850,00**

Die Umsatzsteuereinnahmen (Verbindlichkeiten gegenüber dem Finanzamt) übersteigen die Vorsteuereinnahmen (Forderungen an das Finanzamt). Es ist deshalb eine Verbindlichkeit in Höhe der Differenz aus Verbindlichkeiten und Forderungen zu buchen.

b) *Am 01.01.2009 hat die Bank einen Safe im Wert von EUR 90.000,00 angeschafft. Dieser hat eine betriebsgewöhnliche Nutzungsdauer von 10 Jahren. Der Safe wurde bislang degressiv abgeschrieben. Ermitteln Sie den in 2009 abgeschriebenen Betrag (Hinweis: Der Abschreibungssatz beträgt das 2,5-fache des linearen Abschreibungssatzes, höchstens jedoch 25 %).*

$\frac{90.000,00}{10 \text{ Jahre}} = 9.000,00 \cdot 2,5 = 22.500,00$. Dies sind genau 25 %. Somit wird eine degressive Abschreibung mit einem Abschreibungssatz in Höhe von 25 % durchgeführt. Der Buchwert zum 31.12.2009 beträgt dann EUR 67.500,00.

c) *Ermitteln Sie den Buchwert zum 31.12.2010.*

Im Folgejahr werden $67.500,00 \cdot 0,25 = $ EUR 16.875,00 abgeschrieben. Der Buchwert zum 31.12.2010 beträgt dann EUR 50.625,00.

d) *Ab wann lohnt sich im Allgemeinen ein Wechsel zur linearen Abschreibung, wenn die Bank die Abschreibungsbeträge zum Zwecke der Steuerminderung möglichst hoch halten möchte?*

Ab dem Zeitpunkt, an dem die linearen Abschreibungsbeträge – ermittelt auf Basis der dann noch übrigen Restnutzungsdauer – die degressiven Abschreibungsbeträge übersteigen.

Um Aufgaben und Lösungen voneinander getrennt zu halten, bleibt diese Seite leer.

2.1.7 Lineare Abschreibung der Betriebs- und Geschäftsausstattung

Aufgabe 8)

a) Eröffnen Sie das Konto „Betriebs- und Geschäftsausstattung" (BGA) zum 01.01.2012 mit einem Eröffnungsbilanzwert in Höhe von EUR 50.000,00.

b) Am 15.06.2012 wird ein neuer Spezialschreibtisch für die Kreditabteilung im Wert von EUR 10.000,00 netto gegen Barzahlung angeschafft. Buchen Sie die Anschaffung im Konto BGA.

c) Der Schreibtisch wird über 6 Jahre linear abgeschrieben. Wie hoch ist sein Wert am 31.12.2012?

d) Die Summe der Abschreibungen auf das restliche Anlagevermögen im Konto BGA Beträgt EUR 12.000,00. Buchen Sie die gesamten Abschreibungsbeträge im Konto BGA zum 31.12.2012. Bilden Sie auch die entsprechenden Buchungssätze.

e) Wie hoch ist der in das Schlussbilanzkonto zu übertragende Wert des gesamten Kontos BGA?

f) Wie hoch wäre der Abschreibungsbetrag des Schreibtisches zum 31.12.2012 ausgefallen, wenn dieser in der Depotabteilung eingesetzt werden würde? Bilden Sie die für die Anschaffung am 15.06.2012 und die Abschreibung am 31.12.2012 erforderlichen Buchungssätze.

Lösung Aufgabe 8)

a) Eröffnen Sie das Konto „Betriebs- und Geschäftsausstattung" (BGA) zum 01.01.2012 mit einem Eröffnungsbilanzwert in Höhe von EUR 50.000,00.

BGA:

Soll		Haben
EBK	50.000,00	

b) Am 15.06.2012 wird ein neuer Spezialschreibtisch für die Kreditabteilung im Wert von EUR 10.000,00 netto gegen Barzahlung angeschafft. Buchen Sie die Anschaffung im Konto BGA.

BGA:

Soll		Haben
EBK	50.000,00	
Kasse	11.900,00	

Da der Schreibtisch in der Kreditabteilung – also im umsatzsteuerbefreiten Bereich – verwendet wird, ist die Umsatzsteuer in Höhe von 19 % mit zu aktivieren.

c) Der Schreibtisch wird über 6 Jahre linear abgeschrieben. Wie hoch ist sein Wert am 31.12.2012?

$$\frac{11.900,00}{6 \text{ Jahre}} = 1.983,33$$

Aufgrund der Anschaffung am 15.06.2012 ist für 2012 eine anteilige Abschreibung vorzunehmen. Diese umfasst grundsätzlich den gesamten Monat, in dem das Anlagegut angeschafft worden ist.

$$1.983,33 \cdot \frac{7}{12} = 1.156,94$$

Der Wert am 31.12.2012 beträgt dann:

$$11.900,00 - 1.156,94 = \text{EUR } 10.743,06$$

d) *Die Summe der Abschreibungen auf das restliche Anlagevermögen im Konto BGA beträgt EUR 12.000,00. Buchen Sie die gesamten Abschreibungsbeträge im Konto BGA zum 31.12.2012. Bilden Sie auch die entsprechenden Buchungssätze.*

BGA:

Soll		Haben	
EBK	50.000,00	AaS	13.156,94
Kasse	11.900,00		

AaS bedeutet „Abschreibungen auf Sachanlagen". Der Wert ergibt sich wie folgt: 12.000,00 + 1.156,94 = 13.156,94.

Der Buchungssatz lautet: „AaS an BGA EUR 13.156,94".

e) *Wie hoch ist der in das Schlussbilanzkonto zu übertragende Wert des gesamten Kontos BGA?*

Der Wert ergibt sich – wie immer – durch Ermittlung der wertmäßig größeren Seite des Kontos und anschließende Subtraktion der kleineren hiervon.

$$(50.000,00 + 11.900,00) - 13.156,94 = EUR\ 48.743,06$$

f) *Wie hoch wäre der Abschreibungsbetrag des Schreibtisches zum 31.12.2012 ausgefallen, wenn dieser in der Depotabteilung eingesetzt werden würde? Bilden Sie die für die Anschaffung am 15.06.2012 und die Abschreibung am 31.12.2012 erforderlichen Buchungssätze.*

Die Depotabteilung gehört dem umsatzsteuerpflichtigen Bereich der Bank an. Die beim Kauf anfallende Umsatzsteuer darf nun nicht mit aktiviert werden. Anstelle dessen wird sie als Vorsteuer auf das Konto „Vorsteuer" gebucht.

Abschreibungsbetrag:

$$\frac{EUR\ 10.000,00}{6\ Jahre} = EUR\ 1.666,67$$

$$EUR\ 1.666,67 \cdot \frac{7}{12} = EUR\ 972,22$$

Buchungssatz Anschaffung:

„BGA EUR 10.000,00 und Vorsteuer EUR 1.900 an Kasse EUR 11.900,00."

Buchungssatz Abschreibung:

„AaS an BGA EUR 972,22."

Aufgabe 9)

a) Um Steuern zu sparen, möchte Ihre Bank einen möglichst niedrigen Jahresüberschuss ausweisen. Sollte sie hierzu versuchen, möglichst hohe oder möglichst geringe Beträge abzuschreiben?

b) Mit welchem Wert setzen Sie die folgenden Gegenstände in der Bilanz zum 31.12.2012 an? Es gilt weiterhin die in a) genannte Forderung nach einem möglichst niedrigen Jahresüberschuss. Alle Gegenstände werden im umsatzsteuerbefreiten Bereich verwendet und sind bereits Bruttowerte, beinhalten also die Umsatzsteuer.

1) Am 18.09.2012 angeschaffter PKW im Wert von EUR 45.000,00. Die Abschreibungsdauer beträgt sechs Jahre.
2) Ein am 12.03.2012 angeschaffter Schreibtisch im Wert von EUR 1.100,00.
3) Eine am 15.06.2012 angeschaffte Schreibmaschine im Wert von EUR 190,00.

c) Der PKW aus 1) wird am 30.06.2013 zu EUR 35.000,00 bar verkauft. Bilden Sie die hierzu erforderlichen Buchungssätze.

d) Wie würden die Buchungssätze lauten, wenn der PKW zu EUR 40.000,00 verkauft werden würde und zuvor doch im umsatzsteuerpflichtigen Bereich eingesetzt gewesen wäre? Die EUR 40.000,00 Verkaufspreis sind hierbei der Nettoverkaufserlös, das heißt ohne Umsatzsteuer.

Lösung Aufgabe 9)

a) *Um Steuern zu sparen möchte Ihre Bank einen möglichst niedrigen Jahresüberschuss ausweisen. Sollte sie hierzu versuchen, möglichst hohe oder möglichst geringe Beträge abzuschreiben?*

Abschreibungen sind Aufwandspositionen und vermindern somit das Jahresergebnis. Die Bank sollte hier also möglichst hohe Beträge abschreiben.

b) *Mit welchem Wert setzen Sie die folgenden Gegenstände in der Bilanz zum 31.12.2012 an? Es gilt weiterhin die in a) genannte Forderung nach einem möglichst niedrigen Jahresüberschuss. Alle Gegenstände werden im umsatzsteuerbefreiten Bereich verwendet und sind bereits Bruttowerte, beinhalten also die Umsatzsteuer.*

1) *Am 18.09.2012 angeschaffter PKW im Wert von EUR 45.000,00. Die Abschreibungsdauer beträgt sechs Jahre.*
2) *Ein am 12.03.2012 angeschaffter Schreibtisch im Wert von EUR 1.100,00.*
3) *Eine am 15.06.2012 angeschaffte Schreibmaschine im Wert von EUR 190,00.*

Aus der Aufgabenstellung ergibt sich, dass die Umsatzsteuer jeweils mit aktiviert wird. Die Beträge sind somit – zumindest für die Ermittlung des Abschreibungsbetrages – nicht um den Umsatzsteueranteil zu vermindern.

1) Abschreibung für volle vier Monate: $\frac{45.000,00}{6 \text{ Jahre}} \cdot \frac{4}{12} = 2.500,00$
   Der Wert zum 31.12.2012 beträgt somit EUR 42.500,00.
2) Hier ist zunächst der Nettowert zu ermitteln. Dieser beträgt: $\frac{1.100,00}{1,19} = 924,37$. Der Schreibtisch kann somit als geringwertiges Wirtschaftsgut im Sammelposten „GWG" linear über fünf Jahre abgeschrieben werden. Das unterjährige Datum der Anschaffung spielt hierbei keine Rolle. Es ist das gesamte Jahr der Anschaffung abzuschreiben. Der Wert zum 31.12.2012 lautet EUR 880,00 $\left(1.100 - \left(\frac{1.100,00}{5}\right)\right)$.
3) Da der Nettowert mit EUR 159,66 über EUR 150,00 aber unter EUR 410,00 liegt, kann die Schreibmaschine entweder – wie der Schreibtisch – als geringwertiges Wirtschaftsgut behandelt werden, oder aber sofort voll abgeschrieben werden. Da die Bank möglichst hoch abschreiben möchte (siehe a)), wählt sie die direkte Abschreibung in Höhe von EUR 190,00 (Bruttowert!). Am 31.12.2012 ist die Schreibmaschine nicht in der Bilanz zu finden.

c) *Der PKW aus 1) wird am 30.06.2013 zu EUR 35.000,00 bar verkauft. Bilden Sie die hierzu erforderlichen Buchungssätze.*

Der Buchwert zum 30.06.2013 beträgt EUR 42.500,00 abzüglich der Abschreibung für sechs Monate in 2013 und somit 42.500,00 − (625 · 6) = EUR 38.750,00. Die Differenz in Höhe von 38.750,00 − 35.000,00 = EUR 3.750,00 ist zusätzlich abzuschreiben.

„Kasse EUR 35.000,00 und AaS EUR 3.750,00 an BGA EUR 38.750,00."

d) *Wie würden die Buchungssätze lauten, wenn der PKW zu EUR 40.000,00 verkauft werden würde und zuvor doch im umsatzsteuerpflichtigen Bereich eingesetzt gewesen wäre? Die EUR 40.000,00 Verkaufspreis sind hierbei der Nettoverkaufserlös, das heißt ohne Umsatzsteuer.*

Hierzu ist die Umsatzsteuer (40.000,00 · 0,19 = EUR 7.600,00) auf das Konto „Umsatzsteuer" zu buchen. Die Differenz in Höhe von 40.000,00 − 38.750,00 = EUR 1.250,00 ist als „Ertrag aus dem Abgang von Anlagevermögen" (EAA) zu verbuchen.

„Kasse EUR 47.600,00 an BGA EUR 38.750,00, an EAA EUR 1.250,00, an Umsatzsteuer EUR 7.600,00."

Um Aufgaben und Lösungen voneinander getrennt zu halten, bleibt diese Seite leer.

2.1.8 Bewertung von Forderungen

Aufgabe 10)

a) Buchen Sie mittels des Kontos „Abschreibung auf Forderungen" (AFo) die uneinbringlich gewordene Forderung an einen KK-Kunden (Debitor A) in Höhe von EUR 20.000,00 (Buchungssatz).

b) Über das Vermögen eines weiteren Kunden (Debitor B) wird das Insolvenzverfahren eröffnet. Unsere Forderung beläuft sich auf EUR 80.000,00. Wir rechnen mit einer Insolvenzquote in Höhe von 30 %. Bilden Sie eine Einzelwertberichtigung in erforderlicher Höhe (Buchungssatz).

c) Die tatsächliche Insolvenzquote beträgt 15 %. Das Geld wird bar eingezahlt. Nehmen Sie alle erforderlichen Buchungen vor. Schließen Sie hiernach das Konto AFo ab. Erstellen Sie die T-Konten AFo, KK und EWB für die Geschäftsvorfälle a) – c).

Lösung Aufgabe 10)

a) *Buchen Sie mittels des Kontos „Abschreibung auf Forderungen" (AFo) die uneinbringlich gewordene Forderung an einen KK-Kunden (Debitor A) in Höhe von EUR 20.000,00 (Buchungssatz).*

„AFo an KK EUR 20.000,00."

b) *Über das Vermögen eines weiteren Kunden (Debitor B) wird das Insolvenzverfahren eröffnet. Unsere Forderung beläuft sich auf EUR 80.000,00. Wir rechnen mit einer Insolvenzquote in Höhe von 30 %. Bilden Sie eine Einzelwertberichtigung in erforderlicher Höhe (Buchungssatz).*

Die Insolvenzquote ist der Betrag der Forderung, den wir erhalten (bzw. vermuten zu erhalten). Dies sind hier also 30 % von EUR 80.000,00, also EUR 24.000,00. In Höhe der Differenz von EUR 56.000,00 ist eine EWB zu bilden. Der Buchungssatz hierzu lautet: „AFo an EWB EUR 56.000,00."

c) *Die tatsächliche Insolvenzquote beträgt 15 %. Das Geld wird bar eingezahlt. Nehmen Sie alle erforderlichen Buchungen vor. Schließen Sie das Konto AFo hiernach ab. Erstellen Sie die T-Konten AFo, KK und EWB für die Geschäftsvorfälle a) – c).*

Wir erhalten 15 %, also EUR 12.000,00. Es wurde außerdem bereits eine EWB in Höhe von EUR 56.000,00 gebildet. Die Differenz von Geldeingang und EWB zur Gesamtforderung beträgt:

80.000,00 − (12.000,00 + 56.000,00) = EUR 12.000,00.

Wir buchen:

„EWB an KK EUR 56.000,00."
„Kasse an KK EUR 12.000,00."
„AFo an KK EUR 12.000,00."

Abschluss des Kontos AFo (zunächst nur unter Berücksichtigung von b) bzw. c)):

„GuV an AFo EUR 68.000,00."

AFo (nun unter Berücksichtigung von a)-c)):

Soll			Haben
KK	20.000,00	GuV	88.000,00
EWB	56.000,00		
KK	12.000,00		
	88.000,00		**88.000,00**

KK:

Soll			Haben
AB [a) + b)]	100.000,00	AFo	20.000,00
		EWB	56.000,00
		Kasse	12.000,00
		AFo	12.000,00
	100.000,00		**100.000,00**

EWB:

Soll			Haben
KK	56.000,00	AFo	56.000,00
	56.000,00		**56.000,00**

Um Aufgaben und Lösungen voneinander getrennt zu halten, bleibt diese Seite leer.

Aufgabe 11)

Ihre Bank möchte eine Pauschalwertberichtigung (PWB) bilden. Hierzu liegen folgende Daten vor:

Durchschnittliches risikobehaftetes Kreditvolumen der letzten fünf Jahre:
EUR 1.500 Mio.

Hierfür maßgeblicher durchschnittlicher Forderungsausfall der letzten fünf Jahre:
EUR 30 Mio.

Aktueller Debitorenbestand:
EUR 1.600 Mio.

Hiervon Forderungen an die öffentliche Hand:
EUR 300 Mio.

Hiervon Forderungen, die bereits bewertet worden sind:
EUR 100 Mio. Auf diese wurden EWB in Höhe von EUR 50 Mio. gebildet.

a) Wie hoch ist der PWB-Satz (in Prozent), der auf Basis der statistischen Werte der vergangenen fünf Jahre vorhanden sein muss?

b) Der aktuelle PWB-Bestand beträgt EUR 22 Mio. Muss der PWB-Bestand erhöht oder vermindert werden? Um welchen Betrag ist dieser zu korrigieren?

c) Bilden Sie den Buchungssatz für die Korrektur.

d) Mit welchem Betrag erscheinen die Debitoren in der Bilanz?

Lösung Aufgabe 11)

a) *Wie hoch ist der PWB-Satz (in Prozent), der auf Basis der statistischen Werte der vergangenen fünf Jahre vorhanden sein muss?*

$\frac{30}{1.500} = 0,02$. Der PWB-Satz beläuft sich auf 2 %.

b) *Der aktuelle PWB-Bestand beträgt EUR 22 Mio. Muss der PWB-Bestand erhöht oder vermindert werden? Um welchen Betrag ist dieser zu korrigieren?*

Zunächst ist der erforderliche PWB-Betrag in EUR zu ermitteln. Dieser wird aus dem korrigierten Forderungsbestand ermittelt. Hierzu werden alle 100 % sicheren Forderungen (z.B. Forderungen an die öffentliche Hand) sowie alle bereits bewerteten Forderungen vom zu bewertenden Forderungsbestand abgezogen. Wichtig: Es ist <u>nicht</u> der gebildete EWB-Betrag, sondern die <u>gesamte</u> bereits bewertete Forderung abzuziehen. Diese muss schließlich nicht noch ein zweites Mal bewertet werden.

$$1.600 - 300 - 100 = 1.200$$

Der PWB-Satz ist nun auf die EUR 1.200 Mio. risikobehaftete Forderungen anzuwenden:

$$1.200 \cdot 0,02 = 24$$

Es bestehen bereits EUR 22 Mio. PWB. Diese sind somit um EUR 2 Mio. zu erhöhen.

c) *Bilden Sie den Buchungssatz für die Korrektur.*

„AFo an PWB EUR 2 Mio."

d) *Mit welchem Betrag erscheinen die Debitoren in der Bilanz?*

Es gilt:

	Debitorenbestand vor Abschreibungen
./.	Gebildete EWB
./.	Gebildete PWB
=	Bilanzwert „Debitoren"

Somit folgt: $1.600 - 50 - 24 = 1.526$

Der Bilanzwert der Debitoren beträgt EUR 1.526 Mio.

2.1.9 Bewertung von Wertpapieren

Aufgabe 12)

a) Nach welchen Prinzipien werden Wertpapiere

    a. des Anlagevermögens
    b. der Liquiditätsreserve
    c. des Handelsbestandes

bewertet? Nennen Sie auch kurz die Charakteristika des jeweiligen Prinzips.

b) Im Laufe des Jahres 2012 hat Ihre Bank Aktien der A-AG zum Halten innerhalb der Liquiditätsreserve gekauft. Der Kauf erfolgte über das Konto DBB. Es wurden 500 Stück zu einem Kurs von EUR 250,00 sowie 1.000 Stück zu einem Kurs von EUR 230,00 gekauft. Ermitteln Sie den Durchschnittserwerbskurs.

c) Kurz vor Ende des Jahres 2012 verkaufte die Bank 500 Stück der Aktien zu einem Kurs von EUR 260,00 in bar. Ermitteln Sie den realisierten Erfolg.

d) Stellen Sie das Wertpapierkonto auf und nehmen Sie alle erforderlichen Abschlussbuchungen zum 31.12.2012 vor. Stellen Sie auch die Buchungssätze auf. Der Kurs am Bilanzstichtag beträgt EUR 200,00.

Lösung Aufgabe 12)

a) *Nach welchen Prinzipien werden Wertpapiere*

    a. *des Anlagevermögens*
    b. *der Liquiditätsreserve*
    c. *des Handelsbestandes*

bewertet? Nennen Sie auch kurz die Charakteristika des jeweiligen Prinzips.

Prinzipien:

    a. **Gemildertes Niederstwertprinzip**: Ist eine Wertminderung dauerhaft, so muss auf den niedrigeren Wert abgeschrieben werden. Ist sie voraussichtlich nicht dauerhaft, kann auf den niedrigeren Wert abgeschrieben werden. Es besteht ein Wertaufholungsgebot bis maximal zur Höhe der Anschaffungs-/ Erwerbskosten. Das heißt, sobald der Kurs nach einer Abschreibung steigt, wird eine Zuschreibung bis zur genannten Höchstgrenze vorgenommen.

    b. **Strenges Niederstwertprinzip**: Ausweis zum niedrigsten Wert. Bei einem niedrigeren Kurs am Bilanzstichtag ist auf diesen abzuschreiben. Auch hier besteht ein Wertaufholungsgebot bis maximal zur Höhe der Anschaffungs-/ Erwerbskosten.

    c. **Zeitwertprinzip**: Es erfolgt ein Ausweis zum Zeitwert – also zum Kurs am Bilanzstichtag – abzüglich eines Risikoabschlags. Der Wert kann also auch oberhalb des Wertes bei Anschaffung liegen.

b) *Im Laufe des Jahres 2012 hat Ihre Bank Aktien der A-AG zum Halten innerhalb der Liquiditätsreserve gekauft. Der Kauf erfolgte über das Konto DBB. Es wurden 500 Stück zu einem Kurs von EUR 250,00 sowie 1.000 Stück zu einem Kurs von EUR 230,00 gekauft. Ermitteln Sie den Durchschnittserwerbskurs.*

$$\frac{500 \cdot 250 + 1.000 \cdot 230}{1.500 \text{ Stück}} = \textbf{EUR } \mathbf{236{,}67}.$$

c) *Kurz vor Ende des Jahres 2012 verkaufte die Bank 500 Stück der Aktien zu einem Kurs von EUR 260,00 in bar. Ermitteln Sie den realisierten Erfolg.*

$$(500 \cdot 260) - (500 \cdot 236{,}67) = \textbf{EUR } \mathbf{11.665{,}00}.$$

d) Stellen Sie das Wertpapierkonto auf und nehmen Sie alle erforderlichen Abschlussbuchungen zum 31.12.2012 vor. Stellen Sie auch die Buchungssätze auf. Der Kurs am Bilanzstichtag beträgt EUR 200,00.

Kauf: 500 Stück zu EUR 250,00 = EUR 125.000,00
Kauf: 1.000 Stück zu EUR 230,00 = EUR 230.000,00
Verkauf: 500 Stück zu EUR 260,00 = EUR 130.000,00

Wertpapierkonto:

Soll		Haben	
DBB (500 Stück)	125.000,00	Kasse (500 Stück)	130.000,00
DBB (1.000 Stück)	230.000,00	AaW	36.665,00
Kursgewinne	11.665,00	SBK	200.000,00
	366.665,00		**366.665,00**

Das Konto „AaW" bedeutet „Abschreibungen auf Wertpapiere". Der abzuschreibende Wert lautet:

1.000 Stück · (236,67 − 200,00) = EUR 36.670,00.

Bitte beachten Sie, dass die Differenz in Höhe von EUR 5,00 aufgrund von Rundungen entsteht. Im Konto ist der Betrag eingetragen, der beide Kontoseiten zum Ausgleich bringt.

Der SBK-Wert lässt sich entweder rechnerisch ermitteln (1.000 Stück · EUR 200,00, oder aber durch Subtraktion der beiden Kontoseiten.

Um Aufgaben und Lösungen voneinander getrennt zu halten, bleibt diese Seite leer.

Aufgabe 13)

a) Ihre Bank hält spekulative Anleihen mit einem jährlichen Kupon von 8,5 % im Handelsbestand. Zinstermin ist der 30.09. eines jeden Jahres. Der Nennwert je Stück beträgt EUR 1.000,00. Die Käufe und Verkäufe in 2012 sind in der folgenden Tabelle aufgeführt.

Soll		Haben	
400 Stück 10.01.12	101,5 %	200 Stück 15.09.12	103,0 %
600 Stück 12.02.12	102,5 %		

Ermitteln Sie den Durchschnittserwerbskurs.

b) Ermitteln Sie die am 31.12.2012 zu erfassenden Stückzinsen.

c) Nehmen Sie die am 31.12.2012 erforderlichen Abschlussbuchungen im Konto vor. Der Kurs zum Bilanzstichtag beträgt 101,5 %. Es wird ein Sicherheitsabschlag in Höhe von 5 % vom Kurs berücksichtigt. Käufe und Verkäufe wurden über DBB abgewickelt.

Lösung Aufgabe 13)

a) *Ihre Bank hält spekulative Anleihen mit einem jährlichen Kupon von 8,5 % im Handelsbestand. Zinstermin ist der 30.09. eines jeden Jahres. Der Nennwert je Stück beträgt EUR 1.000,00. Die Käufe und Verkäufe in 2012 sind in der folgenden Tabelle aufgeführt.*

Soll		Haben	
400 Stück 10.01.12	101,5 %	200 Stück 15.09.12	103,0 %
600 Stück 12.02.12	102,5 %		

Ermitteln Sie den Durchschnittserwerbskurs.

$$\frac{400 \cdot 101{,}5 + 600 \cdot 102{,}5}{1000 \text{ Stück}} = 102{,}1 \%$$

b) *Ermitteln Sie die am 31.12.2012 zu erfassenden Stückzinsen.*

Tage: 93 (Der Zinstermin zählt bereits mit zur neuen Zinsperiode)

Es sind noch 800 Stück mit einem Nennwert in Höhe von insgesamt EUR 800.000,00 im Bestand.

$$\frac{800.000{,}00 \cdot 8{,}5 \% \cdot 93}{365 \cdot 100} = 17.326{,}03 \text{ EUR}$$

Hinweis: Obwohl 2012 ein Schaltjahr war, wird dieses hier nicht berücksichtigt. Relevant ist hier die Zinsperiode vom 30.09.2012 – 29.09.2013. Innerhalb dieser liegt der 29.02.2012 somit nicht mehr.

c) *Nehmen Sie am 31.12.2012 alle erforderlichen Abschlussbuchungen im Konto vor. Der Kurs zum Bilanzstichtag beträgt 101,5 %. Es wird ein Sicherheitsabschlag in Höhe von 5 % vom Kurs berücksichtigt. Käufe und Verkäufe wurden über DBB abgewickelt.*

Wertpapierkonto:

Soll		Haben	
DBB 10.01.12	406.000,00	DBB 15.09.12	206.000,00
DBB 12.02.12	615.000,00	AaW	45.360,00
Kursgewinne	1.800,00	SBK	788.766,03
Stückzinsen	17.326,03		
	1.040.126,03		1.040.126,03

Kursgewinn: $(103,0\ \% - 102,1\ \%) \cdot 200\ \text{Stück} \cdot \text{EUR}\ 1.000 = \text{EUR}\ 1.800,00$

Abschreibung auf Wertpapiere (AaW):

Bewertungskurs (5 % Abschlag):
$101,5 \cdot 0,95 = 96,43\ \%$

Abzuschreibender Betrag:
$(1,021 - 0,9643) \cdot 800\ \text{Stück} \cdot \text{EUR}\ 1.000,00 = \text{EUR}\ 45.360,00$

Der in das Schlussbilanzkonto zu buchende Betrag ergibt sich wie folgt:
$(800.000,00 \cdot 0,9643) + \text{EUR}\ 17.326,03 = \text{EUR}\ 788.766,03$

Merken Sie sich hierzu, dass die Stückzinsen der Bank definitiv zustehen und sie diese in jedem Falle erhalten wird. Aus diesem Grund werden sie bei der Bewertung am Bilanzstichtag mit berücksichtigt.

Um Aufgaben und Lösungen voneinander getrennt zu halten, bleibt diese Seite leer.

2.1.10 Risikovorsorge

2.1.10.1 Rückstellungen

Aufgabe 14)

a) Definieren Sie den Begriff Rückstellungen.

b) Entscheiden Sie, in welchen der folgenden Fällen eine Rückstellung zu bilden ist:
   a) Im kommenden Jahr droht die Inanspruchnahme aus einer Bankbürgschaft in Höhe von EUR 10.000,00.
   b) In den kommenden Jahren werden rund EUR 100.000,00 für Boni aus Sparverträgen benötigt.
   c) Aus dem Jahresüberschuss sollen EUR 500.000,00 in die Rücklagen eingestellt werden.
   d) Derzeit läuft ein Gerichtsprozess, aus dem die Bank im kommenden Jahr voraussichtlich in Anspruch genommen werden wird. Die Höhe steht noch nicht fest.
   e) Mietzahlungen für Bankgebäude in Höhe von EUR 30.000,00 werden im kommenden Januar fällig.

Lösung Aufgabe 14)

    a) Definieren Sie den Begriff Rückstellungen.

Rückstellungen werden für Aufwendungen gebildet, deren <u>Bestehen</u>, <u>Höhe</u> oder <u>Fälligkeit</u> ungewiss sind.

Trifft eines der Kriterien zu, kann eine Rückstellung gebildet werden.

    b) Entscheiden Sie, in welchen der folgenden Fällen eine Rückstellung zu bilden ist:
- *a) Im kommenden Jahr droht die Inanspruchnahme aus einer Bankbürgschaft in Höhe von EUR 10.000,00.*
- *b) In den kommenden Jahren werden rund EUR 100.000,00 für Boni aus Sparverträgen benötigt.*
- *c) Aus dem Jahresüberschuss sollen EUR 500.000,00 in die Rücklagen eingestellt werden.*
- *d) Derzeit läuft ein Gerichtsprozess, aus dem die Bank im kommenden Jahr voraussichtlich in Anspruch genommen werden wird. Die Höhe steht noch nicht fest.*
- *e) Mietzahlungen für Bankgebäude in Höhe von EUR 30.000,00 werden im kommenden Januar fällig.*

Rückstellung:
- a) Ja, obwohl die Höhe bereits feststeht, sind Fälligkeit und Bestehen ungewiss.
- b) Ja. Aufgrund möglicher Kündigungen sind alle drei Bedingungen erfüllt.
- c) Nein, Rücklagen sind nicht mit Rückstellungen zu verwechseln. Zu Rücklagen siehe Kapitel 2.1.10.2.
- d) Ja, hier ist neben dem eigentlichen Bestehen der Verpflichtung insbesondere deren Höhe nicht bekannt.
- e) Nein. Die Mietzahlungen fallen in jedem Fall an. Auch Höhe und Fälligkeit sind bekannt. Es ist keine Rückstellung zu bilden.

2.1.10.2 Rücklagen

Aufgabe 15)

a) Stellen Rücklagen Eigen- oder Fremdkapital dar?

b) Zu welchen Zwecken dürfen Kapitalrücklagen und gesetzliche Gewinnrücklagen aufgelöst werden – zu welchem Zweck die anderen Gewinnrücklagen?

c) Die Aktionäre der SchüttAus AG verlangen den Erhalt einer größtmöglichen Dividende. Unterstützen Sie die Aktionäre bei der Ermittlung des auszuschüttenden Betrags. Beachten Sie hierbei, dass die SchüttAus AG selbst den auszuschüttenden Betrag so gering wie möglich halten möchte. Rücklagen werden nicht aufgelöst. Die SchüttAus AG hält sich an die gesetzlichen Vorschriften des Aktiengesetzes. Beantworten Sie folgende Fragen:

   a) Wie hoch ist der Jahresüberschuss der AG?
   b) Wie hoch ist der Betrag, der in die gesetzliche Gewinnrücklage eingestellt werden muss?
   c) Welcher Betrag wird unter Beachtung der gesetzlichen Vorgaben des Aktiengesetzes insgesamt an die Aktionäre ausgeschüttet?
   d) Wie hoch ist die Dividende je Aktie?
   e) Wie hoch ist die Dividendenrendite?

Angaben zur SchüttAus AG:

- Erträge: TEUR 870
- Aufwendungen: TEUR 620
- Gezeichnetes Kapital: TEUR 800
- Kapitalrücklage: TEUR 20
- Gesetzliche Gewinnrücklage: TEUR 30
- Andere Gewinnrücklagen: TEUR 70
- Anzahl der Aktien: 1 Mio.
- Aktueller Kurs: EUR 1,20

Übungsbuch Rechnungswesen - Bankkaufleute

Lösung zu Aufgabe 15)

    a) Stellen Rücklagen Eigen- oder Fremdkapital dar?

        Rücklagen stellen Eigenkapital dar.

    b) Zu welchen Zwecken dürfen Kapitalrücklagen und gesetzliche Gewinnrücklagen aufgelöst werden – zu welchem Zweck die anderen Gewinnrücklagen?

        Kapitalrücklagen und gesetzliche Rücklagen dürfen ausschließlich zum Ausgleich eines Jahresfehlbetrags oder zur Kapitalerhöhung aus Gesellschaftsmitteln aufgelöst werden. Die anderen Gewinnrücklagen dürfen auch beispielsweise zur Ausschüttung einer Dividende verwendet werden.

    c) Die Aktionäre der SchüttAus AG verlangen den Erhalt einer größtmöglichen Dividende. Unterstützen Sie die Aktionäre bei der Ermittlung des auszuschüttenden Betrags. Beachten Sie hierbei, dass die SchüttAus AG selber den auszuschüttenden Betrag so gering wie möglich halten möchte. Rücklagen werden nicht aufgelöst. Die SchüttAus AG hält sich an die gesetzlichen Vorschriften des Aktiengesetzes. Beantworten Sie folgende Fragen:

        a) Wie hoch ist der Jahresüberschuss der AG?
        b) Wie hoch ist der Betrag, der in die gesetzliche Gewinnrücklage eingestellt werden muss?
        c) Welcher Betrag wird unter Beachtung der gesetzlichen Vorgaben des Aktiengesetzes insgesamt an die Aktionäre ausgeschüttet?
        d) Wie hoch ist die Dividende je Aktie?
        e) Wie hoch ist die Dividendenrendite?

Angaben zur SchüttAus AG:

- *Erträge:*   *TEUR 870*
- *Aufwendungen:*   *TEUR 620*
- *Gezeichnetes Kapital:*   *TEUR 800*
- *Kapitalrücklage:*   *TEUR 20*
- *Gesetzliche Gewinnrücklage:*   *TEUR 30*
- *Andere Gewinnrücklagen:*   *TEUR 70*
- *Anzahl der Aktien:*   *1 Mio.*
- *Aktueller Kurs:*   *EUR 1,20*

Antworten:

a) 870 − 620 = 250

Der Jahresüberschuss beträgt TEUR 250.

b) Bereits vorhanden sind TEUR 20 in der Kapitalrücklage sowie TEUR 30 in der gesetzlichen Gewinnrücklage. Insgesamt eingestellt werden müssen 10 % des gezeichneten Kapitals, also TEUR 80. Hierzu müssen maximal 5 % des jeweiligen Jahresüberschusses verwendet werden:

$$250 \cdot 5\,\% = 12{,}5$$

Es werden TEUR 12,5 in die gesetzliche Gewinnrücklage eingestellt.

c) Der Vorstand möchte die Ausschüttung – wie in der Aufgabenstellung beschrieben – so gering wie möglich halten. Er stellt deshalb gem. § 58 Abs. 2 AktG 50 % des verbleibenden Jahresüberschusses in die anderen Gewinnrücklagen ein: $(250 - 12{,}5) \cdot 50\% = 118{,}75$
Die restlichen TEUR 118,75 werden an die Aktionäre ausgeschüttet.

d) Bei einer Anzahl von 1 Mio. Aktien beträgt die Dividende EUR 0,12 je Aktie:

$$\frac{118{,}75}{1.000} = 0{,}119 \approx 0{,}12$$

e) Die Dividendenrendite beträgt 10,0 %:

$$\frac{0{,}12}{1{,}20} \cdot 100 = 10$$

Um Aufgaben und Lösungen voneinander getrennt zu halten, bleibt diese Seite leer.

2.1.10.3 Vorsorgereserve

Aufgabe 16)

a) Erläutern Sie die Begriffe „offene" und „stille" Vorsorgereserve.

b) In welchen Paragraphen des HGB befindet sich die jeweilige Vorsorgereserve?

c) Wie lautet die Regel zur Bildung der im HGB genannten stillen Vorsorgereserve?

d) Ermitteln Sie den Betrag, den ein Kreditinstitut in die stille Vorsorgereserve (nach dem von Ihnen unter b) genannten Paragraphen) einstellt. Das Kreditinstitut möchte einen möglichst geringen Jahresüberschuss ausweisen, um Steuern zu sparen. Es wurde noch keine stille Vorsorgereserve gebildet.

Forderungen an Kreditinstitute EUR 510 Mio.
Forderungen an Kunden EUR 2.150 Mio.
Verbindlichkeiten gegenüber Kreditinstituten EUR 650 Mio.
Wertpapiere des Anlagevermögens EUR 250 Mio.
Wertpapiere der Liquiditätsreserve EUR 580 Mio.

Hinweis: Für das Geschäftsjahr wurden EUR 40 Mio. EWB sowie EUR 25 Mio. PWB auf Forderungen an Kunden gebildet.

Lösung Aufgabe 16)

a) *Erläutern Sie die Begriffe „offene" und „stille" Vorsorgereserve.*

Die offene Vorsorgereserve – auch Fonds für allgemeine Bankrisiken – wird aus dem versteuerten Gewinn gebildet und ist für Jedermann in der Gewinn- und Verlustrechnung eines Kreditinstitutes erkennbar. Die stille Vorsorgereserve – auch Vorsorge für allgemeine Bankrisiken – hingegen ist nicht in der Gewinn- und Verlustrechnung erkennbar.

b) *In welchen Paragraphen des HGB befindet sich die jeweilige Vorsorgereserve?*

Stille Vorsorgereserve: § 340 f HGB
Offene Vorsorgereserve: § 340 g HGB

In Prüfungen werden die hier genannten Paragraphenbezeichnungen teilweise vorausgesetzt.

c) *Wie lautet die Regel zur Bildung der im HGB genannten stillen Vorsorgereserve?*

Es dürfen bis zu 4 % der Forderungen an Kunden, der Forderungen an Kreditinstitute sowie der Wertpapiere der Liquiditätsreserve als Vorsorgereserve gebildet werden, soweit nach vernünftiger kaufmännischer Beurteilung nötig. Hierbei wird der jeweilige Buchwert zugrunde gelegt. Somit sind Forderungen um EWB und PWB zu vermindern.

d) *Ermitteln Sie den Betrag, den ein Kreditinstitut in die stille Vorsorgereserve (nach dem von Ihnen unter b) genannten Paragraphen) einstellt. Das Kreditinstitut möchte einen möglichst geringen Jahresüberschuss ausweisen, um Steuern zu sparen. Es wurde noch keine stille Vorsorgereserve gebildet.*

Forderungen an Kreditinstitute EUR 510 Mio.
Forderungen an Kunden EUR 2.150 Mio.
Verbindlichkeiten gegenüber Kreditinstituten EUR 650 Mio.
Wertpapiere des Anlagevermögens EUR 250 Mio.
Wertpapiere der Liquiditätsreserve EUR 580 Mio.

Hinweis: Für das Geschäftsjahr wurden EUR 40 Mio. EWB sowie EUR 25 Mio. PWB auf Forderungen an Kunden gebildet.

Forderungen an Kreditinstitute EUR 510 Mio.
+ Forderungen an Kunden EUR 2.150 Mio.
./. EWB EUR 40 Mio.
./. PWB EUR 25 Mio.
+ Wertpapiere der Liquiditätsreserve EUR 580 Mio.
= EUR 3.175 Mio.

Hiervon dürfen 4 % als stille Vorsorgereserve nach § 340 f HGB gebildet werden. Dies sind hier EUR 127 Mio.

Um Aufgaben und Lösungen voneinander getrennt zu halten, bleibt diese Seite leer.

2.2 Auswertung

Aufgabe 17)

Im Bereich der Unternehmensanalyse sind Ihnen die Formeln zur Berechnung der erforderlichen Kennzahlen in Ihrer Formelsammlung vorgegeben. Wichtig ist es, diese interpretieren zu können. Fragen zum Aussagegehalt finden sich häufig im Anschluss an die konkrete Berechnung der Kennzahl. In dieser Aufgabe geht es deshalb um die Erläuterung von Kennzahlen.

Erläutern Sie die folgenden Kennzahlen wie folgt:

- Was sagt die Kennzahl aus?
- Ist ein hoher Wert positiv oder negativ zu beurteilen?

a) Eigenkapitalquote

b) Eigenkapitalrentabilität

c) Gesamtkapitalrentabilität

d) Debitorenlaufzeit

e) Kreditorenlaufzeit

f) Cashflowrate

g) Anlagendeckung I und II

Lösung Aufgabe 17)

Erläutern Sie die folgenden Kennzahlen wie folgt:

- *Was sagt die Kennzahl aus?*
- *Ist ein hoher Wert positiv oder negativ zu beurteilen?*

a) *Eigenkapitalquote*
Die gesamte Passiv-Seite einer Bilanz besteht aus lediglich zwei Arten von Kapital. Eigen- und Fremdkapital. Die Eigenkapitalquote gibt an, wie hoch der Anteil des Eigenkapitals am Gesamtkapital – also an der Bilanzsumme – ist. Die durchschnittliche Höhe der Eigenkapitalquoten ist branchenabhängig. Grundsätzlich gilt jedoch: Je höher die Eigenkapitalquote desto besser. Denn mit abnehmendem Fremdkapitalanteil sinken die Ausgaben für Zins- und Tilgungsleistungen. Außerdem besteht bei einer hohen Eigenkapitalquote ein größeres „Polster" zum Ausgleich von Verlustjahren.

b) *Eigenkapitalrentabilität*
Die Eigenkapitalrentabilität beschreibt die Verzinsung des eingesetzten Eigenkapitals und somit die Rendite der Anteilseigner. Sie hängt neben der Ertragslage des Unternehmens auch von der Höhe des bilanziellen Eigenkapitals in Relation zum Gesamtkapital ab. Je weniger Eigenkapital vorhanden ist desto höher ist dessen Verzinsung bei Annahme eines gleichen Jahresüberschusses. Die Aussage „Je höher desto besser" ist deshalb mit Vorsicht zu genießen und im Einzelfall zu überprüfen.

c) *Gesamtkapitalrentabilität*
Die Gesamtkapitalrentabilität berücksichtigt im Vergleich zur Eigenkapitalrentabilität die Verzinsung bzw. die Rendite des gesamten Kapitals, also der gesamten Passiva. Der Grundsatz „Je höher desto besser" gilt hier schon eher.

d) *Debitorenlaufzeit*
Die Debitorenlaufzeit sagt aus, nach wie vielen Tagen die Kunden des zu analysierenden Unternehmens, also die Rechnungsschuldner, ihre fälligen Rechnungen an das Unternehmen begleichen. Gerade bei dieser Kennzahl muss die Tatsache im Hinterkopf behalten werden, dass eine Stichtagsbetrachtung vorliegt. Sind die Forderungen aus Lieferung und Leistung zum Bilanzstichtag außergewöhnlich hoch, so ist die Kennzahl stark verfälscht. Am darauffolgenden Tag kann sich die Lage schon vollkommen anders darstellen.
Grundsätzlich ist eine niedrige Debitorenlaufzeit als positiv zu werten, da weniger Liquidität in Form von Forderungen aus Lieferung und Leistung gebunden ist.

e) *Kreditorenlaufzeit*

Im Gegensatz zur Debitorenlaufzeit sagt die Kreditorenlaufzeit aus, nach wie vielen Tagen das zu analysierende Unternehmen Rechnungen – Verbindlichkeiten aus Lieferung und Leistung – begleicht. Auch hier sind die genannten Einschränkungen zu berücksichtigen. Meist wird eine kurze Kreditorenlaufzeit als positiv bewertet, da diese die Interpretation zulässt, dass das Unternehmen liquide genug ist, um seine Verbindlichkeiten schnell zurückzuführen. Andererseits kann jedoch argumentiert werden, dass lange Zahlungsziele dazu führen, dass die Liquidität lange im Unternehmen gehalten werden kann. Eine hohe Kreditorenlaufzeit kann somit sowohl Indikator für ein wirtschaftlich angeschlagenes Unternehmen sein, welches seinen Verbindlichkeiten nicht mehr vertragskonform nachkommen kann, als auch für ein Unternehmen mit außerordentlich hoher Beschaffungsmarktmacht, welches seinen von ihm abhängigen Lieferanten lange Zahlungsziele vorgeben kann.

f) *Cashflowrate*

Die Cashflowrate gibt an, wie viel Prozent der Gesamtleistung als Liquidität im Unternehmen verbleiben. Diese können dann für Ausschüttungen, Investitionen und zur Tilgung von Verbindlichkeiten verwendet werden. Je höher die Kennzahl desto höher der prozentuale Anteil freier Liquidität und somit desto besser.

g) *Anlagendeckung I und II*

Langfristig im Unternehmen verbleibendes Vermögen (Anlagevermögen) sollte auch langfristig finanziert sein, während kurzfristig im Unternehmen verbleibendes Vermögen (Umlaufvermögen) kurzfristig – beispielsweise mittels Kontokorrentkreditlinien – finanziert sein sollte. Die Anlagendeckungsgrade vermitteln einen Überblick darüber, ob das Anlagevermögen des zu analysierenden Unternehmens tatsächlich langfristig finanziert ist. Dies ist der Fall, wenn deren Wert > 100 % ist. Als Faustformel gilt, dass mindestens der Anlagendeckungsgrad II > 100 % sein sollte.

Um Aufgaben und Lösungen voneinander getrennt zu halten, bleibt diese Seite leer.

3. Internes Rechnungswesen

3.1 Grundbegriffe

Aufgabe 18)

Entscheiden Sie bei den unten aufgeführten Geschäftsvorfällen, ob es sich um

- Grundkosten
- Grunderlöse
- Zusatzkosten
- Zusatzerlöse
- keinen der genannten Begriffe

handelt.

- a) Kassenfehlbetrag
- b) gezahlte Zinsen auf Spareinlagen
- c) kalkulatorische Miete für eigene Geschäftsräume
- d) erhaltene Miete für Kundensafes
- e) Kontoführungsgebühr
- f) Kursgewinne in Kundendepots
- g) Zinsen für das Eigenkapital
- h) Zahlung der Umsatzsteuer
- i) erhaltende Provision für Wertpapiergeschäfte
- j) Bearbeitungsgebühr für Kartenbestellungen

Lösung Aufgabe 18)

Entscheiden Sie bei den unten aufgeführten Geschäftsvorfällen, ob es sich um

- Grundkosten
- Grunderlöse
- Zusatzkosten
- Zusatzerlöse
- keinen der genannten Begriffe

handelt.

a) Kassenfehlbetrag
b) gezahlte Zinsen auf Spareinlagen
c) kalkulatorische Miete für eigene Geschäftsräume
d) erhaltene Miete für Kundensafes
e) Kontoführungsgebühr
f) Kursgewinne in Kundendepots
g) Zinsen für das Eigenkapital
h) Zahlung der Umsatzsteuer
i) erhaltende Provision für Wertpapiergeschäfte
j) Bearbeitungsgebühr für Kartenbestellungen

Antworten:

a) keiner der genannten Begriffe
b) Grundkosten
c) Zusatzkosten
d) Grunderlöse
e) Grunderlöse
f) keiner der genannten Begriffe
g) Zusatzkosten
h) keiner der genannten Begriffe
i) Grunderlöse
j) Grunderlöse

Aufgabe 19)

Entscheiden Sie bei den unten aufgeführten Geschäftsvorfällen, ob es sich um

- Betriebskosten
- Betriebserlöse
- Wertkosten
- Werterlöse
- keinen der genannten Begriffe

handelt.

a) Tankkosten für den Fuhrpark
b) Gehalt für den Vorstandsvorsitzenden
c) Firmenkunden werden Zinsen für beanspruchte KK-Kredite belastet
d) Kunden zahlen Safegebühren
e) Ein ausländischer Kunde wechselt Reiseschecks in Bargeld und zahlt dafür eine Gebühr
f) Sparern werden Zinsen gutgeschrieben
g) Die Stadtwerke belasten das Konto des Vorstandsvorsitzenden
h) Die Depotabteilung kauft zwei neue Schreibtische
i) Kunden werden Kontoführungsgebühren belastet
j) Die Rechnung für eine Reparatur in der Kreditabteilung wird beglichen

Lösung Aufgabe 19)

Entscheiden Sie bei den unten aufgeführten Geschäftsvorfällen, ob es sich um

- Betriebskosten
- Betriebserlöse
- Wertkosten
- Werterlöse
- keinen der genannten Begriffe

handelt.

a) Tankkosten für den Fuhrpark
b) Gehalt für den Vorstandsvorsitzenden
c) Firmenkunden werden Zinsen für beanspruchte KK-Kredite belastet
d) Kunden zahlen Safegebühren
e) Ein ausländischer Kunde wechselt Reiseschecks in Bargeld und zahlt dafür eine Gebühr
f) Sparern werden Zinsen gutgeschrieben
g) Die Stadtwerke belasten das Konto des Vorstandsvorsitzenden
h) Die Depotabteilung kauft zwei neue Schreibtische
i) Kunden werden Kontoführungsgebühren belastet
j) Die Rechnung für eine Reparatur in der Kreditabteilung wird beglichen

Antworten:

a) Betriebskosten
b) Betriebskosten
c) Werterlöse
d) Betriebserlöse
e) Betriebserlöse
f) Wertkosten
g) keiner der genannten Begriffe
h) Betriebskosten
i) Betriebserlöse
j) Betriebskosten

3.2 Kalkulation im Wertbereich: Marktzinsmethode

Aufgabe 20)

Ihnen liegen folgende Daten aus dem Rechnungswesen vor:

	Baufinan-zierungen	Handels-bestand	Dispositions-kredite	Spar-einlagen	Guthaben auf Giro-konten	Termin-gelder
Volumen (in TEUR)	20.000	12.500	6.500	22.000	4.000	13.000
Laufzeit (in Jahren)	15	5	0	0,25	0	2
Zinssatz (in Prozent p.a.)	3,25	4,9	9,65	1,5	0,2	2,7
GKM-Zinssatz (in Prozent p.a.)	2,5	2,1	1,7	1,7	0,5	3,5

Nachrichtlich: Der GKM-Tagesgeldsatz beträgt 0,75% p.a.

Ermitteln Sie aus den angegebenen Daten:

a) die Wertkosten (in TEUR)

b) die Werterlöse (in TEUR)

c) die Bruttozinsspanne (in Prozent p.a.)

d) den Konditionsbeitrag der Termingelder (in TEUR)

e) den Strukturbeitrag aller aktiven Kundengeschäften (in TEUR)

Lösung Aufgabe 20)

Ihnen liegen folgende Daten aus dem Rechnungswesen vor:

	Baufinan-zierungen	Handels-bestand	Dispositions-kredite	Spar-einla-gen	Guthaben auf Giro-konten	Termin-gelder
Volumen (in TEUR)	20.000	12.500	6.500	22.000	4.000	13.000
Laufzeit (in Jahren)	15	5	0	0,25	0	2
Zinssatz (in Prozent p.a.)	3,25	4,9	9,65	1,5	0,2	2,7
GKM-Zinssatz (in Prozent p.a.)	2,5	2,1	1,7	1,7	0,5	3,5

Nachrichtlich: Der GKM-Tagesgeldsatz beträgt 0,75% p.a.

Ermitteln Sie aus den angegebenen Daten:

a) die Wertkosten (in TEUR)

$22.000 \cdot 1,5\% = 330,00$

$4.000 \cdot 0,2\% = 8,00$

$13.000 \cdot 2,7\% = 351,00$

$330 + 8 + 351 = 689,00$

b) die Werterlöse (in TEUR)

$20.000 \cdot 3,25\% = 650,00$

$12.500 \cdot 4,9\% = 612,50$

$6.500 \cdot 9,65\% = 627,25$

$650 + 612,5 + 627,25 = 1889,75$

c) die Bruttozinsspanne (in Prozent p.a.)

$$\frac{689}{39.000} \cdot 100 = 1,77\%$$

$$\frac{1889,75}{39.000} \cdot 100 = 4,85\%$$

$$4,85\% - 1,77\% = 3,08\%$$

d) den Konditionsbeitrag der Termingelder (in TEUR)

$$(3,5\% - 2,7\%) \cdot 13.000 = 104$$

e) den Strukturbeitrag aller aktiven Kundengeschäften (in TEUR)

$$(2,5\% - 0,75\%) \cdot 20.000 = 350$$

$$(2,1\% - 0,75\%) \cdot 12.500 = 168,75$$

$$(1,7\% - 0,75\%) \cdot 6.500 = 61,75$$

$$350 + 168,75 + 61,75 = 580,5$$

Um Aufgaben und Lösungen voneinander getrennt zu halten, bleibt diese Seite leer.

3.3 Kundenkalkulation

Aufgabe 21)

Ihnen liegen aus der Controllingabteilung folgende Daten des letzten Quartals der „Friedrich Handtuch AG" vor:

Durchschnittlicher Habensaldo:	EUR 23.067,12
Durchschnittlicher Sollsaldo:	EUR 87.756,12
Buchungsposten:	165
Risikoklasse:	7

Buchungskostengebühr:	EUR 0,75
Kontoführungsgebühr:	EUR 34,50 p.M.
Habenzinssatz:	0,15 % p.a.
Sollzinssatz:	7,65 % p.a.

Standardeinzelkosten

Kontoführung:	EUR 50,00 p.M.
Standardeinzelkosten Buchung:	EUR 0,35
Risikokosten (Risikoklasse 7)	1,24 % p.a.
Eigenkapitalkosten (Risikoklasse 7)	1,98 % p.a.
Tagesgeldsatz	1,50 % p.a.

Ermitteln Sie aus den angegebenen Daten:

   a) den Deckungsbeitrag I (Zinskonditionsbeitrag)

   b) den Deckungsbeitrag II (Nettokonditionsbeitrag)

   c) den Deckungsbeitrag III (Deckungsbeitrag des Kunden)

Lösung Aufgabe 21)

Ihnen liegen aus der Controllingabteilung folgende Daten des letzten Quartals der „Friedrich Handtuch AG" vor:

Durchschnittlicher Habensaldo:	EUR 23.067,12
Durchschnittlicher Sollsaldo:	EUR 87.756,12
Buchungsposten:	165
Risikoklasse:	7
Buchungskostengebühr:	EUR 0,75
Kontoführungsgebühr:	EUR 34,50 p.M.
Habenzinssatz:	0,15 % p.a.
Sollzinssatz:	7,65 % p.a.

Standardeinzelkosten

Kontoführung:	EUR 50,00 p.M.
Standardeinzelkosten Buchung:	EUR 0,35
Risikokosten (Risikoklasse 7)	1,24 % p.a.
Eigenkapitalkosten (Risikoklasse 7)	1,98 % p.a.
Tagesgeldsatz	1,50 % p.a.

Ermitteln Sie aus den angegebenen Daten:

a) den Deckungsbeitrag I (Zinskonditionsbeitrag):
EUR 1.427,10

  a. Konditionsbeitrag der Aktivgeschäfte EUR 1.349,25
  b. Konditionsbeitrag der Passivgeschäfte EUR 77,85

b) den Deckungsbeitrag II (Nettokonditionsbeitrag):
1427,10 + 19,50 = EUR 1.446,60

  a. Provisionserlöse EUR 227,25
  b. Betriebskosten EUR 207,75

c) den Deckungsbeitrag III (Deckungsbeitrag des Kunden):
1446,60 – 706,43 = EUR 740,17

  a. Standardrisikokosten EUR 272,04
  b. Eigenkapitalkosten EUR 434,39

Konditionsbeitrag der Aktivgeschäfte:

$$\frac{87.756{,}12 \cdot 7{,}65\%}{4} = \text{EUR } 1.678{,}34$$

$$\frac{87.756{,}12 \cdot 1{,}50\%}{4} = \text{EUR } 329{,}09$$

$$1678{,}34 - 329{,}09 = \text{EUR } 1349{,}25$$

Konditionsbeitrag der Passivgeschäfte:

$$\frac{23.067{,}12 \cdot 1{,}50\%}{4} = \text{EUR } 86{,}50$$

$$\frac{23.067{,}12 \cdot 0{,}15\%}{4} = \text{EUR } 8{,}65$$

$$86{,}50 - 8{,}65 = \text{EUR } 77{,}85$$

Provisionserlöse:
$3 \cdot 34{,}50 = \text{EUR } 103{,}50$

$165 \cdot 0{,}75 = \text{EUR } 123{,}75$

Betriebskosten:
$3 \cdot 50{,}00 = \text{EUR } 150{,}00$

$165 \cdot 0{,}35 = \text{EUR } 57{,}75$

Standardrisikokosten:
$$\frac{87.756{,}12 \cdot 1{,}24\%}{4} = \text{EUR } 272{,}04$$

Eigenkapitalkosten:
$$\frac{87.756{,}12 \cdot 1{,}98\%}{4} = \text{EUR } 434{,}39$$

Um Aufgaben und Lösungen voneinander getrennt zu halten, bleibt diese Seite leer.

3.4 Gesamtbetriebskalkulation

Aufgabe 22)

Ihnen liegen folgende Daten aus dem Rechnungswesen vor:

	Mio. EUR
Zinserträge	850,00
Zinsaufwendungen	214,00
Provisionserträge	178,00
Provisionsaufwendungen	68,00
Personalaufwendungen	230,00
Andere Verwaltungsaufwendungen	87,00
Abschreibungen auf Sachanlagen	76,00
Erträge des Handelsbestandes	35,00
Sonstige betriebliche Erträge	12,00
Sonstige betriebliche Aufwendungen	24,00
Abschreibungen auf Forderungen und bestimmte Wertpapiere	13,00
Durchschnittliche Bilanzsumme	17.000,00

Ermitteln Sie aus den angegebenen Daten:

    a) den Zinsüberschuss

    b) die Provisionsspanne

    c) die Bruttobedarfsspanne

    d) die Handelsspanne

    e) das Bewertungsergebnis

    f) die Nettogewinnspanne

Lösung Aufgabe 22)

Ihnen liegen folgende Daten aus dem Rechnungswesen vor:

	Mio. EUR
Zinserträge	850,00
Zinsaufwendungen	214,00
Provisionserträge	178,00
Provisionsaufwendungen	68,00
Personalaufwendungen	230,00
Andere Verwaltungsaufwendungen	87,00
Abschreibungen auf Sachanlagen	76,00
Erträge des Handelsbestandes	35,00
Sonstige betriebliche Erträge	12,00
Sonstige betriebliche Aufwendungen	24,00
Abschreibungen auf Forderungen und bestimmte Wertpapiere	13,00
Durchschnittliche Bilanzsumme	17.000,00

Ermitteln Sie aus den angegebenen Daten:

a) den Zinsüberschuss

Zinserträge – Zinsaufwendungen → 850,00 – 214,00 = 636,00

b) die Provisionsspanne

$$\frac{Provisionserträge - Provisionsaufwendungen}{Bilanzsumme} \rightarrow \frac{178,00 - 68,00}{17.000,00} \cdot 100 = 0,65\%$$

c) die Bruttobedarfsspanne

$$\frac{Personalaufwand + Andere\ Verwaltungsaufw. + Abschreibungen\ auf\ Sachanlagen}{Bilanzsumme}$$

$$\frac{230+87+76}{17.000,00} \cdot 100 = 2,31\ \%$$

d) die Handelsspanne

$$\frac{\text{Erträge des Handelsbestandes}}{\text{Bilanzsumme}} \cdot 100 \rightarrow \frac{35{,}00}{17.000{,}00} \cdot 100 = 0{,}21\ \%$$

e) das Bewertungsergebnis

Abschreibung auf Forderungen und bestimmte Wertpapiere = 13,00

f) die Nettogewinnspanne

Zinsüberschuss + Provisionsüberschuss − Verwaltungsaufwand = **Teilbetriebsergebnis**

636,00 + 110,00 − 393,00 = 353,00

Teilbetriebsergebnis + Nettoergebnis aus Finanzgeschäften + Saldo der sonstigen betrieblichen Aufwendungen und Erträge − Bewertungsergebnis = Betriebsergebnis

353,00 + 35,00 + (12,00 - 24,00) − 13,00 = 363,00

$$\frac{\text{Betriebsergebnis}}{\text{Bilanzsumme}} = Nettogewinnspanne$$

$$\frac{363{,}00}{17.000{,}00} \cdot 100 = 2{,}14\%$$